AF249979

L'ARBITRAGE INTERNATIONAL

ET

LA CONFÉRENCE DE LA HAYE

PAR

Albert CHARMOLU, ✦, ✱

LES PROPOSITIONS DE S. M. NICOLAS II.

LA VALSE DES MILLIARDS. — LE DÉSARMEMENT.

L'ARBITRAGE INTERNATIONAL.

Prix : 1 franc

PARIS

A LA SCIENCE FRANÇAISE

41, Rue de la Victoire, 41

1899

L'ARBITRAGE INTERNATIONAL

ET

LA CONFÉRENCE DE LA HAYE

PAR

ALBERT CHARMOLU, ⚜, ✳

DU MÊME AUTEUR

La Justice gratuite et rapide par l'Arbitrage Amiable (ouvrage adopté par le Conseil général de la Seine pour les Bibliothèques cantonales). In-8°. *A la Science Française*, 41, rue de la Victoire, Paris, 1898. Prix . . . . **2 fr.**

Le Petit Catéchisme Juridique, notions de droit français, par demandes et réponses avec formules. (Ouvrage adopté par le Ministère de l'Instruction Publique pour les Bibliothèques scolaires, honoré d'une souscription du Ministère du Commerce). Marchal et Billard, éditeurs, 1896 . . . **3 50**

Le Manuel des Sociétés par actions. (Marchal et Billard, éditeurs, 1883), *épuisé.* . . . . . . **4 fr.**

L'ARBITRAGE INTERNATIONAL

ET

LA CONFÉRENCE DE LA HAYE

PAR

Albert CHARMOLU, ✠, ✳

LES PROPOSITIONS DE S. M. NICOLAS II.

LA VALSE DES MILLIARDS. — LE DÉSARMEMENT.

L'ARBITRAGE INTERNATIONAL.

Prix : 1 franc

PARIS

A LA SCIENCE FRANÇAISE

41, Rue de la Victoire, 41

1899

L'ARBITRAGE INTERNATIONAL

ET

La Conférence de la Haye

I

LA PROPOSITION DE S. M. NICOLAS II

Le 12/24 août 1898 restera désormais une date gravée en lettres d'or sur les tablettes de l'Histoire. Ce jour-là, l'autocrate le plus absolu, le plus puissant souverain du monde, faisait entendre aux quatre coins de l'univers des paroles telles que les Nations surprises, comme éblouies se demandaient : « Est-ce que l'ère de la guerre est close ? Est-ce que ce rêve magnifique des Etats-Unis d'Europe si ardemment poursuivi par Victor Hugo serait sur le point de s'accomplir ? »

Voici le texte de la communication remise ce jour-là par le comte Mouraview — au nom du Tzar — à tous les représentants étrangers accrédités à Saint-Pétersbourg et qui fut publiée le 28 août dans le *Messager officiel :*

« Le maintien de la paix générale et

une réduction possible des armements excessifs qui pèsent sur toutes les nations se présentent dans la situation actuelle du monde entier comme l'idéal auquel devraient tendre les efforts de tous les gouvernements. Les vues humanitaires et magnanimes de Sa Majesté l'Empereur, mon Auguste maître, y sont entièrement acquises, dans la conviction que ce but élevé répond aux intérêts les plus essentiels et aux vœux légitimes de toutes les puissances ; le Gouvernement Impérial croit que le moment présent serait très favorable à la recherche, dans la voie de la discussion internationale, des moyens les plus efficaces à assurer à tous les peuples les bienfaits d'une paix réelle et durable, et à mettre avant tout un terme au développement progressif des armements actuels.

« Au cours des vingt dernières années, les aspirations à un apaisement général se sont particulièrement affirmées dans la conscience des nations civilisées. La conservation de la paix a été posée comme le but de la politique internationale. C'est en son nom que les grands États ont conclu entre eux de puissantes alliances ; c'est pour mieux garantir la paix qu'ils ont développé dans des proportions inconnues jusqu'ici leurs forces militaires, et continuent encore à les accroître sans reculer devant aucun sacrifice.

« Tous ces efforts pourtant n'ont pu aboutir encore aux résultats bienfaisants de la pacification souhaitée. Les charges financières, suivant une marche ascendante, atteignent la prospérité publique dans sa source. Les forces intellectuelles et physiques des peuples, le travail et le capital, sont en majeure partie détournés de leur application et consumés improductivement. Des centaines de millions sont employés à acquérir des engins de destruction effroyables, qui, considérés aujourd'hui comme le dernier mot de la science, sont destinés demain à perdre toute valeur à la suite de quelque nouvelle découverte dans ce domaine. La culture nationale, le progrès économique et la production des richesses se trouvent paralysés ou faussés dans leur développement; aussi à mesure qu'ils s'accroissent les armements de chaque puissance répondent-ils de moins en moins au but que les gouvernements s'étaient proposé.

« Les crises économiques dues en grande partie au régime des armements à outrance et au danger continuel qui gît dans cet amoncellement du matériel de guerre, transforment la paix armée de nos jours en fardeau écrasant que les peuples ont de plus en plus de peine à porter. Il paraît évident, dès lors, que si cette situation se prolongeait elle conduirait fatalement à ce cataclysme même qu'on tient à écarter, et dont les horreurs font frémir à l'avance toute pensée humaine. Mettre un terme à ces armements incessants, et rechercher les moyens de prévenir des calamités qui menacent le monde entier, tel est le devoir suprême qui s'impose aujourd'hui à tous les États.

« Pénétré de ce sentiment, Sa Majesté a daigné m'ordonner de proposer à tous les gouvernements dont les représentants sont accrédités près de la cour impériale, la réunion d'une Conférence qui aurait à s'occuper de ce grave problème.

« Cette Conférence serait, Dieu aidant, d'un heureux présage pour le siècle qui va s'ouvrir ; elle rassemblerait dans un puissant faisceau les efforts de tous les États qui cherchent sincèrement à faire triompher la grande conception de la paix universelle sur les éléments de trouble et de discorde.

« Elle cimenterait en même temps leurs accords par une consécration solidaire des principes d'équité et de droit sur lesquels reposent la sécurité des États et le bien-être des peuples. »

En France surtout, les nobles et généreuses pensées contenues dans l'appel parti de si haut causèrent une profonde sensation. Les plus indifférents lisaient, relisaient, en commentaient les termes et la foule des sceptiques toujours nombreuse affectait de sourire et ironiquement demandait :

— Où est le programme ?

Il vint, ce programme.

Le 11 janvier 1899, le ministre des Affaires étrangères de Russie, adressait aux représentants des puissances à Saint-Pétersbourg cette nouvelle communication :

« Lorsqu'au mois d'août dernier, mon Auguste maître m'ordonnait de proposer aux gouvernements dont les représentants se trouvent à Saint-Pétersbourg la réunion d'une Conférence destinée à rechercher les moyens les plus efficaces d'assurer à tous les peuples les bienfaits d'une paix réelle et durable, et de mettre avant tout un terme au développement progressif des armements actuels, rien ne semblait s'opposer à la réalisation plus ou moins prochaine de ce projet humanitaire.

« L'accueil empressé fait à la demande du Gouvernement Impérial par presque toutes les puissances ne pouvait que justifier cette entente. Appréciant hautement les termes sympathiques dans lesquels était conçue l'adhésion de la plupart des gouvernements, le cabinet impérial a pu recueillir en même temps, avec une vive satisfaction, les témoignages du plus chaleureux assentiment qui lui ont été adressés et qui ne cessent de lui parvenir de toutes les classes de la société et de tous les points du monde.

« Malgré le grand courant d'opinion qui s'était produit en faveur des idées de pacification générale, l'horizon politique a sensiblement changé d'aspect. En ces derniers temps, plusieurs puissances ont procédé à des armements nouveaux, s'efforçant d'accroître encore leurs forces militaires et, en présence de cette situation incertaine, on pourrait être amené à se demander si les puissances ont jugé le moment actuel opportun pour la discussion internationale des idées émises dans la circulaire du 12 août.

« Espérant toutefois que les éléments de trouble qui agitent les sphères poli-

tiques feront bientôt place à des dispositions plus calmes et de nature à favo-
riser le succès de la Conférence projetée,
le Gouvernement Impérial est d'avis qu'il
serait possible de procéder dès à présent
à un échange préalable d'idées entre les
puissances dans ce but et de rechercher
sans retard les moyens de mettre un
terme à l'accroissement progressif des
armements de terre et de mer, question
dont la solution devient évidemment de
plus en plus urgente, en vue de l'exten-
sion nouvelle donnée à ces armements,
et de préparer les voies à une discussion
des questions se rapportant à la possibilité de prévenir les conflits armés par
les moyens pacifiques dont peut disposer
la diplomatie internationale.

« Dans le cas où les puissances juge-
raient le moment actuel favorable à la
réunion d'une Conférence sur ces bases,
il serait certainement utile d'établir entre
les cabinets une entente au sujet du
programme de ses travaux ; les thèmes
à soumettre à une discussion internatio-

nale au sein de la Conférence pourraient en traits généraux se résumer comme suit :

« 1° Entente stipulant la non-augmentation pour un terme à fixer des effectifs actuels des forces armées de terre et de mer, ainsi que des budgets de guerre y afférents ; étude préalable des voies dans lesquelles pourraient même se réaliser dans l'avenir une réduction des effectifs et des budgets ci-dessus mentionnés ;

« 2° Interdiction de la mise en usage, dans les armées et les flottes, de nouvelles armes à feu quelconques et de nouveaux explosifs, aussi bien que de poudres plus puissantes que celles adoptées actuellement tant pour les fusils que pour les canons ;

« 3° Limitation de l'emploi, dans les guerres de campagne, des explosifs d'une puissance formidable déjà existants, et, prohibition du lancement de projectiles ou d'explosifs quelconques du haut des ballons ou par des moyens analogues ;

« 4° Défense d'employer dans les

guerres navales des bateaux torpilleurs sous-marins ou plongeurs, ou d'autres engins de destruction de même nature; engagement de ne pas construire à l'avenir de navires de guerre à éperon ;

« 5° Adaptation aux guerres maritimes des stipulations de la Convention de Genève de 1864, sur la base des articles additionnels de 1868 ;

« 6° Neutralisation, au même titre, des navires ou chaloupes chargés du sauvetage des naufragés, pendant ou après les combats maritimes ;

« 7° Revision de la déclaration concernant les us et coutumes de là guerre, élaborée en 1874 par la Conférence de Bruxelles et restée non ratifiée jusqu'à ce jour;

« 8° Acceptation, en principe de l'usage des bons offices de la médiation et de l'arbitrage facultatif, pour des cas qui s'y prêtent, dans le but de prévenir des conflits armés entre les nations; entente au sujet de leur mode d'application et établissement d'une pratique uniforme dans leur emploi,

« Il est bien entendu que toutes les questions concernant les rapports politiques des États et l'ordre de choses établi par les traités comme, en général, toutes les questions qui ne rentreront pas directement dans le programme adopté par les cabinets, devront être absolument exclues des délibérations de la Conférence.

« En vous adressant, Monsieur, la demande de bien vouloir prendre, au sujet de ma présente communication, les ordres de votre gouvernement, je vous prie en même temps de porter à sa connaissance que, dans l'intérêt de la grande cause qui tient si particulièrement à cœur à mon Auguste maître, Sa Majesté impériale juge qu'il serait utile que la Conférence ne siégeât pas dans la capitale de l'une des grandes puissances, où se concentrent tant d'intérêts politiques qui pourraient peut-être réagir sur la marche d'une œuvre à laquelle sont intéressés, à un égal degré, tous les pays de l'univers. »

Cette fois, on savait sur quelles bases, nettement tracées, s'appuyaient les propositions du Tzar, et j'ajouterai que l'admiration qu'avait soulevée sa première circulaire grandit encore, si c'est possible. C'est qu'on se souvenait que la voix impériale s'était fait entendre, de Moscou-la-Sainte, peu de temps après la disparition du prince de Bismarck, de cet homme terrible qui, aux efforts tentés naguère par Napoléon III pour un Congrès de paix européenne, répondait : « Les intérêts entre nations ne peuvent se régler que par le fer et par le sang. »

Le Chancelier de fer repose sous le lourd cénotaphe du mausolée de Friederichsruhe ; sa bouche ne pourra pas ricaner à ce qu'il appellerait « l'idéalisme » du Tzar.

Non, les intérêts des nations ne se doivent point régler par le fer et par le sang, car la guerre est abominable. Contentons-nous de nous montrer fiers de nos traditions nationales, de nos légendes glorieuses, chèrement payées par le sang de nos ancêtres, mais envisageons pour l'avenir un idéal plus humain. Montaigne a dit : « Se tuer et s'entretuer, c'est le propre des bêtes », et Montesquieu écrivait : « L'Europe périra par les gens de guerre. »

Voltaire, lui, plus énergique, s'écriait : « La guerre, c'est le vol, le viol, le pillage, la ruine, le carnage et l'assassinat. » Avec lui se groupaient Diderot, Rousseau et toute la vaillante pléiade des hommes du XVIIIe siècle. Hugo et Lamartine les suivirent et condamnèrent la guerre. Qui donc oserait la chanter?... A moins que ce ne soit pour dire avec le poète :

> Voici la lutte furibonde,
> L'épouvante du double monde,
> Que commence à chanter le sinistre tambour.
> L'ouragan rugit, se déchaîne ;
> Dans les cœurs fraternels, la Haine
> Est forte, car elle a triomphé de l'Amour.
>
> Hurrah ! Sous les éclairs du sabre,
> Effréné, le coursier se cabre,
> Bondit, fournit la charge aux élans meurtriers.
> Hurrah ! le rempart cède et croule ;
> Sur la Cité, vaisseau qui coule,
> Passe et roule en hurlant la vague des guerriers.
>
> En héros, chaque soldat tombe.
> O l'horreur ! on jette à la tombe
> Des cadavres vivants, qui râlent de frayeur,
> Et, dans leur lugubre énergie,
> D'une main, d'une dent rougie,
> Se cramponnent aux bras sanglants du fossoyeur.

Et le tableau n'est certes point poussé au noir ! Et l'on voit pourtant de prétendus philosophes proclamer la « nécessité de ce mal qu'on appelle : la Guerre !

Cependant si, de toutes parts, la noble initiative de Nicolas II rencontrait de chaudes et nombreuses sympathies, elle se heurtait aussi à des mauvaises volontés, à des réticences prévues d'ailleurs, car c'eût été l'accomplissement de l'œuvre d'un dieu que de voir accueillir sans discussion l'ensemble d'une pareille proposition.

Dans une entrevue qu'il avait avec le baron et la baronne de Suttner, au commencement de cette année, alors qu'il allait à Vienne porter la bonne parole du Tzar, le comte Mouraview, ministre des Affaires étrangères de Sa Majesté, ne se dissimulait pas les difficultés auxquelles le projet grandiose du souverain allait se buter.

— « Il ne faut pas espérer — dit le comte, lors de cette entrevue, qui fut reproduite dans le *Gaulois* — que notre but sera atteint à bref délai. On n'a qu'à songer à la Convention de Genève. Là aussi, des années se sont écoulées avant d'arriver à l'organisation actuelle. Il faut toujours procéder par petits pas, étape par étape. Les États ne consentiront guère, dès le début, à un désarmement complet, ni même à une diminution des contingents. Si, avant tout, on arrivait, de commun accord, à un arrêt des armements, ce serait déjà un heureux résultat. D'ailleurs, sans songer aux résultats effectifs et immédiats de l'initiative du Tzar, cette initiative elle-même n'est-elle pas d'une portée incalculable, d'une signification splendide ?

— « Splendide, en effet, répliqua la baronne de Suttner. Et comme elle faisait part à son éminent interlocuteur de la surprise qu'elle éprouvait de voir se produire des doutes, des méfiances, des soupçons, de l'indifférence.

— « Que voulez-vous, — dit le comte, — les peuples n'ont pas compris, comme, récemment, ils n'avaient pas compris la signification du concert européen. Ce concert n'a peut-être pas fonctionné ainsi qu'on pouvait le souhaiter ; mais c'était cependant la première fois, dans l'histoire, que six puissances s'étaient coalisées dans le but d'empêcher une conflagration universelle, et, de fait, elles l'ont empêchée. Le monde est toujours lent à comprendre les vastes conceptions et à calculer la portée des idées nouvelles. Ainsi, tout en ne perdant point de vue le but final qui est, selon l'expression du rescrit impérial, une paix durable et assurée, — une paix reposant sur la base de la justice, — nous comptons réussir lentement. »

Et comme, plus loin, la baronne de Suttner parlait à l'envoyé du Tzar de la création possible de ministères de la paix.

— « Des ministères de la paix? — répartit le comte pensif. — Mon Dieu, oui, des tribunaux d'arbitrage, une juridiction internationale : tout cela est au bout de l'évolution pacifique, et nous ne sommes qu'au début. Il est des questions pendantes qui, aujourd'hui, ne sauraient être tranchées par l'arbitrage. Il faut laisser à ces questions le temps d'arriver à des solutions d'entente mutuelle ou de s'émousser. »

Il me vient à la mémoire un très curieux rapprochement à propos des « ministères de paix », dont il fut question dans cette entrevue.

M. Ayme, un Français, qui fut professeur de langue française auprès des jeunes princes Guillaume et Henri de Prusse, raconte dans les *Souvenirs* qu'il a publiés au sujet de ses conversations avec Guillaume, — devenu empereur d'Allemagne, — qu'un jour, au courant d'une discussion dans laquelle le professeur et l'élève s'étaient chamaillés assez vivement, le prince s'écria :

— « Je suis persuadé que la plupart des conflits entre nations sont le résultat de l'ambition de quelques ministres qui usent de moyens criminels pour conserver le pouvoir et accroître leur popularité.

« Ce qui n'est pas une plaisanterie, — dit, à quelques jours de là, l'impérial élève à son professeur de français, — c'est le rêve d'assister à l'union des forces de votre pays avec celles du mien. Que de prodiges les deux nations seraient en mesure d'accomplir ! Elles deviendraient logiquement les maîtresses de la terre; elles forgeraient le frein propre à arrêter l'essor des peuples exclusivement mercantiles. En mettant au service de la justice et du progrès toutes les forces dont elles disposent, elles feraient avancer l'humanité à pas de géant dans la voie de la civilisation.

— « C'est un beau rêve, répondit M. Aymé, mais vous savez ce qui le rend irréalisable. Et toute versatile que vous croyez notre race, sur certains points, sa dignité ne transigera pas...

— « Qui vivra verra, conclut le prince. »

Et M. Aymé ajoute : « Je crois que l'Empereur d'Allemagne est sincère quand il dit ne point vouloir assumer la responsabilité de la future boucherie. »

Il serait intéressant de savoir ce que pense S. M. Guillaume II de l'action possible des tribunaux internationaux d'arbitrage. C'est ce que nous apprendra, sans doute, la Conférence de la Haye.

Cependant, malgré les polémiques sceptiques ou pessimistes — d'aucunes intéressées ou de commande — le grand mouvement pacifique qui s'était dessiné depuis quelques années s'est centuplé après la proposition du Tzar Nicolas II, et l'idée du désarmement général, aussi bien que celle de la création de tribunaux d'arbitrage international, ont fait d'énormes progrès, surtout quand on a appris la nouvelle de la réunion de la Conférence de la Paix à La Haye.

Le comte Mouraview lui-même l'a constaté dans la troisième circulaire qu'il a fait parvenir aux représentants de la Russie à l'étranger et dont voici la teneur :

« Depuis la publication de la circulaire du 12/24 août de l'année dernière, d'innombrables témoignages de reconnaissance sont parvenus de différents pays à notre Auguste Maître pour l'initiative magnanime qu'il a prise en vue d'alléger les charges créées par les armements actuels et de consolider la paix générale.

« Très sensible à ces manifestations, qui prouvent combien les idées de paix fondées sur le développement du bien-être moral et matériel des peuples trouvent d'écho chaleureux dans tous les pays, notre Auguste Maître a daigné me charger de transmettre ses remerciements sincères à tous ceux qui, par des adresses, lettres, télégrammes ou par d'autres moyens, ont fait parvenir, du pays où vous êtes accrédité, à Sa Majesté, l'expression de leurs sentiments à l'égard de son œuvre si hautement humanitaire.

« Sa Majesté se plaît à voir dans l'unanimité des sentiments qui entourent l'acquiescement empressé de tous les gouvernements à prendre part à la Conférence de La Haye, un gage de plus pour le succès de ses efforts en vue de faire germer dans la conscience et dans la vie publique de tous les États le principe fécond de la paix universelle. »

En Autriche, en Allemagne, en Italie, en Angleterre, en Suisse, en Suède, en Norwège, en Belgique, en Danemark et jusqu'aux États-Unis, les amis de la Paix se lèvent, apportant tous leurs moyens et prodiguant toutes leurs forces pour faire triompher le programme pacifique. De toutes parts se fondent des sociétés, se créent des organes. On organise des « pèlerinages de la Paix », des meetings, des conférences. La poussée est gigantesque et ceux qui la provoquent ne ménagent point leurs efforts.

A Paris, je citerai particulièrement la « Ligue des Femmes, pour le désarmement international », présidée par la princesse Wizniewska et qui compte parmi ses membres Mme Camille Flammarion, Mme Marya Cheliga, Mme la baronne Cartier de Saint-René, Mme Pauline Dupont, Mme Louise Houpner,

Mme Hortense Bonet, Mme de Marsy, Mme Clélie Porteu, Mme Auguste Meulemans, Mlle Testach, Mlle Roux de Saint-Martin.

Puis, la « Société Française pour l'Arbitrage entre Nations » (ancienne Société Française des Amis de la Paix), ayant pour but de défendre et propager le principe de l'indépendance des nations et de la justice internationale, principe dont la consécration pratique se trouve dans la substitution de l'arbitrage et de toutes les autres voies conventionnelles et juridiques aux violences de la guerre. Elle s'efforce d'établir avec les sociétés similaires de la France et de l'étranger les relations qui pourraient conduire au but commun : la Paix par le respect du Droit. Elle recherche notamment et répand les informations exactes, propres à dissiper les malentendus irritants entre les peuples. Son siège social est à Paris, 10, rue Pasquier et c'est par ses soins que parait, chaque mois, la revue l'*Arbitrage entre Nations,* qui est un véritable évangile de philosophie sociale et de pacification universelle, admirablement rédigée, d'ailleurs, et bourrée de renseignements précieux.

La « Société Française pour l'Arbitrage

entre Nations », qui a pour président
M. Frédéric Passy, membre de l'Institut ;
pour vice-présidents, MM. Charles Richet,
professeur à la Faculté de médecine de Paris
et Arthur Desjardins, avocat général à la
Cour de cassation, membre de l'Institut ;
pour secrétaire général, M. Edmond Thiau-
dière, membre du comité de la Société des
gens de lettres, et pour trésorier, M. Boyer,
compte parmi les membres de son conseil
d'administration : MM. d'Arsonval, professeur au Collège de France ; Charles Beau-
quier, député ; Ferdinand Dreyfus, ancien
député ; Henri Dumesnil ; Armand Gautier,
professeur à la Faculté de médecine, Mme Gi-
rerd ; Mme Griess-Traut ; Yves Guyot, ancien
ministre ; Ernest Hamel, sénateur ; Leblois,
avocat à la Cour d'appel ; Dr Letourneau,
professeur à l'École d'anthropologie ; Eugène
Manuel, inspecteur général de l'Instruction
publique ; Léon Marillier, maître de conférences à l'École des hautes-études ; Montaut,
député ; Gaston Morin, publiciste ; de Mor-
sier ; Mme Raymond Pognon ; MM. de Saint-
Georges Armstrong ; Jules Siegfried, ancien
ministre ; Filhol, sénateur ; L. Trarieux, ancien ministre ; Weiss, professeur à la Faculté

de droit de Paris ; Dr Cornil, sénateur, professeur à la Faculté de médecine ; Louis Olivier, directeur de la *Revue générale des Sciences ;* Anatole Leroy-Beaulieu, membre de l'Institut ; Daniel Mérillon, avocat général à la Cour de cassation ; Henri Decugis, etc., etc.

Et le mouvement s'accentue encore à l'approche de la Conférence. De quelque façon qu'on envisage la note impériale, on en comprend l'immense portée et l'on se rend compte de l'émotion qu'elle a fait naître dans tant de cœurs, des espérances et du trouble qu'elle a semés aussi dans beaucoup d'esprits.

Tolstoï, lui-même, le grand Tolstoï, n'a pu s'empêcher de s'écrier :

« Non seulement nous ne devons pas douter du succès de l'entreprise, mais nous devons contribuer de toutes nos forces à sa réussite. »

Et Tolstoï est de ces apôtres dont la parole fait mouvoir les foules, dont les écrits convainquent les cœurs.

LA VALSE DES MILLIARDS

Nous traversons, en cette fin de siècle, une crise économique dont l'intensité affecte toutes les nations européennes. On peut dire que le principal facteur de ce désolant phénomène réside dans l'exagération des armements, qui immobilise pour un temps plus ou moins long le meilleur des forces valides des nations. M. Marcel Huârt a établi que les crédits affectés aujourd'hui à l'entretien des armées permanentes ne suffiraient point à couvrir les frais d'une guerre pour l'une des grandes puissances. Ces frais, d'après M. Huart, s'élèveraient quotidiennement à 105 millions de francs, auxquels il faudrait ajouter 5 millions, par jour également, pour l'alimentation des familles des belligérants, de telle sorte que, sans tenir compte des désastres matériels causés par une conflagration, le bilan de la guerre se chiffrerait,

en un an, par une dépense de plus de
quarante-cinq milliards!

L'opinion de l'illustre économiste Paul
Leroy-Beaulieu est identique. Il constate que
plus de trois ans de la vie active de
l'Européen continental — car les peuples
anglosaxons sont indemnes — sur une
trentaine d'années qu'elle comporte en
moyenne, soit 10 %, sont prélevés par le service militaire.

Notre excellent ami, M. Auguste Meulemans a publié, dans la *Revue Diplomatique*,
une instructive statistique dressée et com-
mentée par M. le capitaine C. J. Tackels, qui
a très minutieusement examiné la question
du désarmement.

Les forces des armées européennes sont
divisées en trois régions appelées :

1º La Duplice, comprenant la France et la
Russie, très fermement alliées ;

2º La Triplice, composée de l'Allemagne,
l'Autriche-Hongrie et l'Italie, sur le point de
se disloquer ;

3º L'Angleterre, neutre.

(Quand aux petits États, leur constitution
militaire est, dans le cas qui nous occupe,
négligeable.)

L'Angleterre neutre : Compte en dehors de son armée de terre, qui est de 712.846 hommes, une armée maritime et une force formidable.

Pour rendre plus saisissante l'étendue de l'échiquier sur lequel la Commission de la Paix aura à égrener, le capitaine C. J. Tackels, ajoute un état comprenant l'énumération des États européens avec le nombre d'habitants et la force de l'armée sur pied de guerre de ces différents États, en commençant par la Duplice, la Triplice, etc., etc.

États	Nombre d'habitants	Force des armées de terre sur pied de guerre en Europe	
France......	38.000.000	3.430.595	} 16.190.860
Russie......	113 000.000	12.760.265	
Allemagne..	49.500.000	7.847.652	
Autriche-Hongrie...	43.900.000	4.375.490	} 15.665.444
Italie	30.350.000	3.442.302	
Angleterre..	38.700 000		712.846
Turquie....	22.000.000		2.342.920

A reporter....... 34.912.070

États	Nombre d'habitants	Force des armées de terre sur pied de guerre en Europe
		Report...... 34.912.070
Espagne...	17.000.000	804.437
Suède et Norvège..	6.800.000	766.742
Belgique...	6.341.950	163.082
Roumanie..	5.400.000	943.037
Portugal...	4.800.000	256.711
Hollande...	4.700.000	420.690
Bulgarie...	3.300.000	916.592
Danemark..	2.300.000	223.941
Suisse.....	2.950.000	486.682
Grèce......	2.217.000	499.197
Serbie.....	2.163.000	597.034
		40.990.215

Soit 41 millions environ d'hommes armés en Europe.

La statistique du capitaine C. J. Tackels n'est-elle pas effroyable. Il en est une non moins édifiante à relever : c'est celle du budget de la guerre dans les États européens.

En France seulement, les budgets de la guerre et de la marine, avec les pensions militaires, absorbent plus d'un milliard, à savoir, d'après le projet de budget de 1898 :

Dépenses du ministère de

la guerre...................... 629.551.397

Report	629.551.397
Dépenses du ministère de la marine	284.795.500
Pensions militaires de la guerre	94.400.000
Pensions militaires de la marine	36.549.000
	1.045.295.897

Si nous passons aux autres nations, nous trouvons que le budget de la guerre coûte à l'Empire d'Allemagne 511.802.464 marcs pour les dépenses ordinaires, et 96.309.585 marcs pour les dépenses extraordinaires. La marine lui coûte 62.750.898 marcs pour les dépenses ordinaires, plus 59.303.650 marcs pour les dépenses extraordinaires.

L'Angleterre dépense pour son armée 19.330.000 livres sterling, et pour sa flotte 20.850.000 livres sterling.

Le budget de la guerre, en Russie, s'élève à 288.808.664 roubles ; celui de la marine à 67.050.000 roubles.

Le ministère de la guerre, en Autriche-Hongrie, exige, pour l'armée de terre, 143.685.251 florins ; pour la marine, 16 millions 941.260 florins.

Pour l'Italie, le budget du ministère de la guerre se divise ainsi : 1re catégorie : 256.565.124 lires aux dépenses ordinaires ; 4e catégorie : 6.328.283 lires aux dépenses extraordinaires. Pour le ministère de la marine, la division s'établit comme suit : 1re catégorie : 98.565.124 lires aux dépenses ordinaires ; 3e catégorie : 3,000,000 de lires aux dépenses extraordinaires ; 4e catégorie : 3.278.522 lires aux dépenses ordinaires.

Puis, en suivant par classification alphabétique, nous trouvons :

Belgique. — Ministère de la guerre : 52.325.620 francs ; gendarmerie : 5 millions 58.800 francs.

La force publique, pour l'État indépendant du Congo, occasionne une dépense de 5.870.631 francs.

Danemark. — Guerre : 10.067.073 ores ; marine : 6.827.104 ores.

Espagne. — 145.929.521 pesetas ; marine : 25.190.539 pesetas.

Grèce. — Guerre : 15.297.722 drachmes ; marine : 6.421.308 drachmes.

Luxembourg. — Force armée : 462.800 fr.

Pays-Bas. — Guerre : 22.601.506 florins ; marine : 15.402.474 florins.

Portugal. — Guerre : 5.612.382 milreis ; marine : 2.998.926 milreis.

Roumanie. — Guerre : 15.380.325 leïs.

Serbie. — Guerre : 15.754.613 dinars.

Suède et Norvège. — Guerre : 26.528.460 couronnes ; marine : 7.164.965 couronnes.

Suisse. — Les dépenses militaires s'élèvent à 24.433.748 francs.

Turquie. — Guerre : 4.489.698 livres turques ; gendarmerie : 1.013.944 livres ; artillerie ; 463.177 livres ; 546.209 livres.

Et, parmi ceux d'outre-mer qui seront sans doute représentés à la Conférence de La Haye et dont il est intéressant de connaitre les dépenses de guerre, étant donné les événements qui peuvent naitre de circonstances imprévues, je tiens à ne pas oublier les Etats-Unis d'Amérique et le Japon. Les Etats-Unis d'Amérique, dans leurs communications n'accusent pas de dépenses de guerre, car, dans le budget de 1897, il est vrai, les dépenses de l'armée ne figurent que pour 80.600 dollars. Mais depuis ?...

Le Japon accuse, pour 1897, un budget de guerre de 29.129.378 yens, aux dépenses ordinaires et de 31.484.591 yens, aux dépenses extraordinaires. Pour la marine, son budget s'est élevé à 9.813.046 yens pour les dépenses ordinaires et 66.994.126 yens pour les dépenses extraordinaires. Je dois ajouter qu'au moment où parut le rescrit impérial de Nicolas II la presse japonaise l'accueillit par une campagne de raillerie. Un revirement spontané se produisit le jour où le gouvernement du Japon envoya au Tzar la belle réponse que voici :

« Le Gouvernement de S. M. l'Empereur du Japon sympathise avec l'honorable proposition du Tzar, tendant à maintenir une paix permanente et à procurer à l'homme son plus grand bonheur. Il admire la bienfaisante et intelligente intention du Tzar comme fondée sur une loi d'humanité. » D'autre part, le comte Okouma, chef du gouvernement et ministre des Affaires étrangères du Japon a fait des déclarations formelles, se ralliant au projet de désarmement général « parcequ'il est basé sur le principe de justice ». Depuis lors, la presse japonaise affirme des sentiments pacifiques presque unanimes.

Si nous revenons à la statistique qu'on a pu lire plus haut ne reste-t-on pas confondu devant le chiffre formidable d'hommes et d'argent que les peuples de l'Univers jettent

chaque année en pâture au monstrueux mino-
taure qu'on appelle : la guerre ?

Nul pouvoir cependant n'a le droit de dissiper ainsi les capitaux des nations et de
grever les générations futures.

Combien serait différent le sort de notre
génération, si d'aussi fortes sommes, stéri-
lement dépensées, étaient affectées à des
destinations fécondantes : à alimenter la
production, à développer le commerce, à
créer des établissements de crédit, de prévoyance, de secours, d'enseignement. Ce
serait l'éclosion d'une toute autre civilisation
plus grandiose et plus bienfaisante.

A la vérité, il est à peu près impossible de
supprimer d'un trait de plume toutes ces dépenses ; car, indépendamment des pensions
militaires dont l'extinction deviendrait une
affaire de temps, la défense nécessiterait,
pour éviter toute surprise, de conserver une
armée, quelque réduite qu'elle puisse être et
aussi une marine. Mais si on arrivait à écono-
miser sur le budget de 1 milliard 45 millions
auquel nous atteignons et qui sera certainement dépassé, quelque chose comme 500 millions, quelles forces énormes on tirerait de
cette économie et quels bienfaits en découle-

raient! Que d'usines, d'ateliers et d'immenses travaux où se dressent aujourd'hui des casernes, où s'animent des camps, où s'allongent des polygones. Et — ainsi que l'a écrit M. Paul Leroy-Beaulieu — joie morale pour les familles, accroissement de la liberté pour les individus, augmentation de la production utile, diminution des charges nationales; le plan philanthropique de l'empereur de Russie, s'il pouvait se réaliser demain, transformerait vraiment l'Europe.

On peut se demander cependant ce que l'on ferait des 250.000 jeunes gens que le désarmement rendrait à la vie civile? Objectent les sceptiques.

Avec le développement colossal que prendrait le travail national et l'essor immense qui accentuerait l'exode vers les mondes nouveaux; avec les moyens extensifs dont on pourrait alors armer l'agriculture, il y aurait croyez-le, du travail pour tous. Mme Gagneur indique avec beaucoup de justesse la colonisation comme exutoire aux forces du paupérisme.

« La colonisation, le remède est là — dit-elle — Non la colonisation incohérente, sans but défini pour le défrichement des terres in-

cultes par des colons isolés, la plupart sans
un capital suffisant d'argent, d'activité ou
d'intelligence, qui végètent et souvent meu-
rent de misère sur un sol très productif,
sans doute, mais mal exploité et insalubre ;
mais la colonisation scientifique qui prépare
le terrain et surtout l'assainit. Car si l'on veut
échapper aux catastrophes intérieures qui
menacent l'Europe, la colonisation scientifique est le seul allègement possible aux
embarras économiques et aux conflits sociaux
qui grondent et grandissent autour de nous.

« Ne serait-ce pas le moment, si un désarmement, progressif sans doute, était accepté
par les nations d'Europe, de combiner le
licenciement partiel de ces armées mons-
trueuses avec un grand mouvement coloni-
sateur, en vue de préparer, grâce au concert
des puissances européennes, un immense
champ d'expériences et faciliter l'étude de la
science sociale, selon la méthode expérimen-
tale ? »

La théorie de Mme Gagneur, nous paraît
applicable dans l'avenir. La colonisation
scientifique, méthodique, mieux entendue
peut devenir une source de prospérités.

Mais il sera bon de se rappeler et de

mettre à profit les leçons du passé — leçons parfois cruelles, aiguisées par l'expérience. — Nous savons aujourd'hui quels sont les vrais fondements de la puissance coloniale de l'Angleterre, nous en connaissons les formules. Ce serait donc le cas, si nous arrivions au plus mince résultat, côté du désarmement, de s'en imprégner et de poser sérieusement les fondements de la puissance coloniale française en profitant des exemples que nous fournissent des nations rivales. Souvenons-nous que Law écrivit un jour, dans un de ses éclairs de génie : « C'est sur un commerce étendu et sur la richesse de ses habitants que la puissance de la France doit être fondée. »

III

LE DÉSARMEMENT

L'état virtuel de guerre dans lequel les nations modernes se trouvent depuis 1870 est un écrasant fardeau sous lequel elles succombent lentement : les plus fortes s'épuisent ; les plus faibles agonisent déjà. Et, cependant, la mise en pratique du désarmement doit fatalement se heurter à des difficultés aussi nombreuses que complexes. Dès les premières heures, un de nos écrivains politiques les plus écoutés, M. Adolphe Passy, prévoyait que l'idée du Tzar, quelque sublime qu'elle fût, était d'une réalisation singulièrement difficile. Il ne suffit pas à un groupe d'hommes réunis en conférence — disait l'éminent publiciste — de proclamer le respect, le droit et la justice, il leur faut encore assurer le respect de leurs décisions. « Une société qui se livrerait sans défense à ceux qui pourraient être tentés de l'exploiter, de la terroriser, commettrait un véritable suicide. De même, une nation qui renon-

cerait aux armements sans avoir la garantie
matérielle que ses voisins agiront de même,
fatalement irait à la ruine, à l'écrasement. »

Les conditions dans lesquelles se trouve
la France, entr'autres, lui impose de sérieuses
réserves ; et, avant de souscrire à ce qui pourrait être considéré comme une renonciation
à son droit absolu d'armements sur terre et
sur mer, elle devra écarter, certainement, plus
d'un projet de convention dont l'adoption
pourrait lui être, en cas de guerre future, un
danger ou une faiblesse ; telle, par exemple,
une convention prétendant fixer directement
ou indirectement un rapport entre l'effectif
militaire et la population de chaque puissance. Quoiqu'il en coûte, à notre amour
propre il me faut, pour bien faire comprendre
le danger d'une telle convention, mettre sous
les yeux de mes lecteurs une statistique con-
cluante publiée, par M. Jules Roche, dans le
Figaro.

En Europe, nous sommes passés au cinquième rang, ayant à peine rattrapé les
1.965.000 habitants que nous avait enlevés la
perte de l'Alsace-Lorraine et la guerre elle-
même et nous arrivons péniblement au
chiffre de 38 millions.

Mais, devant nous sont venus se placer — après l'énorme Russie, avec ses 100 millions d'habitants européens — l'Allemagne, avec une population qui doit être aujourd'hui de 52 millions d'âmes; l'Autriche-Hongrie, avec plus de 43 millions; et le Royaume-Uni, lui-même, qui touche à 40 millions. L'Italie nous serre de près avec 31 millions et une population plus dense que la nôtre. Nous avons donc passé du second rang au cinquième. La seule lecture de cette statistique montre quelle force mettrait aux mains de certaines puissances l'adoption de la convention signalée plus haut.

Pour la marine, les difficultés ne sont pas moins nombreuses et de ce côté encore nous avons à agir avec la plus grande prudence, M. H. de Montéchant en fournit dans *la Marine Française* un exemple frappant.

« Supposons, dit-il, que l'Angleterre, qui n'a pas de frontières terrestres, veuille se tenir en dehors de cette grande alliance pacifique : il faudra que la flotte réunie des puissances alliées soit supérieure à celle de l'Angleterre. Comme il peut arriver en outre, mais beaucoup plus difficilement, grâce aux frontières terrestres des autres nations de l'Europe, qu'une des puissances alliées veuille, à un moment donné, se retirer du concert et demeurer neutre, il faudra alors que la flotte réunie des puissances soit plus forte que celle de l'Angleterre de la quantité perdue par l'abandon de la nation qui veut demeurer neutre.

« Et, en admettant que toutes les nations de l'Europe, hors l'Angleterre, s'entendissent entre elles, il faudrait que la flotte réunie de ces puissances l'emportât, sur celle de l'Angleterre, d'un nombre de navires au moins égal à celui de la nation maritime la plus riche de l'alliance, la France, par exemple. »

Selon M. de Montéchant, les budgets de la Marine resteraient presque intacts ; mais, si l'on arrivait à une entente entre la Russie, l'Allemagne et la France, on pourrait diminuer de plus de moitié les armements de la Guerre.

Il y a aussi la question des explosifs inscrite dans la circulaire du comte Mouraview, la suppression des ballons, de l'éperon et des sous-marins. Un humaniste, doublé d'un écrivain de talent et d'un grand philanthrope me disait un jour : « Je voudrais que l'on trouvât des engins plus terribles, des explosifs plus meurtriers, afin que la puissance de destruction devint telle entre les mains de chacun que personne n'osât devenir un agresseur ». J'estime, d'ailleurs, que, sur ce point, la discussion ne sera pas très. ardue, ni bien difficile, car je ne vois pas du tout un délégué consentant à ce que les soldats de son pays ne se défendent qu'avec du plomb de chasse si on les attaquait avec de la dynamite.

Ce qui devra marcher à merveille, par exemple, ce sont les propositions d'appliquer aux guerres navales, la stipulation de la Convention de Genève et la neutralisation des chaloupes et bâtiments envoyés à la recherche des naufragés pendant les combats sur mer.

En résumé, la proposition du Tzar, l'idée du désarmement, venant presque au lendemain de la guerre gréco-turque et immédiatement après la guerre hispano-américaine mérite bien les acclamations qui l'ont accueillie et doit donner à réfléchir à l'Europe qui — espérons que la Conférence de La Haye nous en fournira la preuve — l'aura mûrement étudiée.

On dit que les socialistes allemands font grise mine au manifeste impérial et en combattent les idées généreuses parce qu'il émane d'un autocrate. Mais l'autocrate a prévenu le désir des peuples : son rêve d'aujourd'hui sera le bienfait de demain et sa réalisation aidera bien plus au progrès social et à la marche de l'humanité que maintes creuses utopies.

Cette idée du désarmement, le grand mouvement pacifique qu'elle provoque, apparaissent comme l'aurore du siècle prochain et irradient deux figures souveraines : S. M. Nicolas II, empereur de Russie, et S. M. Wilhelmine, reine des Pays-Bas, figures également augustes, également jeunes, également sympathiques. En effet, la reine Wilhelmine, dans son discours du Trône, à l'ouverture des États-Généraux, tint à honneur d'accepter la *première* la magnanime initiative de l'Empereur de Russie. De tous les pays du monde, la jeune reine reçut des félicitations et parmi les manifestations les plus touchantes, je citerai la lettre que lui adressa Mme la princesse Wizniewska, au nom de la Ligue des Femmes pour le Désarmement international. En voici le texte :

« Majesté,

« Les nobles paroles, en faveur de la paix, que Votre Majesté a prononcées dans son discours du Trône, à l'ouverture des États-Généraux, en acceptant la magnanime invitation de l'Empereur de Russie à la Conférence internationale, ont rempli nos cœurs d'une joyeuse émotion. Nous sommes heureuses de constater que, la si jeune et si gracieuse Souveraine, vers laquelle vont toutes les admirations, a confirmé par ses paroles la tradition de son auguste père, le roi Guillaume III, un des rares souverains qui se rallia à la proposition de Napoléon III pour le désarmement international.

« Nous sommes les humbles ouvrières de l'ère nouvelle, celle de la Justice, de l'Équité et de la Paix pour tous. Notre Ligue des femmes pour le Désarmement international travaille sans trêve afin que l'horrible fléau de la guerre cesse de menacer le bonheur du foyer. C'est pourquoi, fidèles à notre principe de rechercher tous les moyens propices à servir l'œuvre du désarmement, nous osons élever notre voix vers le trône fleuri d'où rayonne la gloire de Votre Majesté,

en la suppliant de donner, à l'idée pa
cifique, l'irrésistible appui de Sa haute
influence.

« Votre Majesté est doublement reine,
par l'enthousiasme d'un peuple qui l'a-
dore et par la grâce de ses qualités que
le monde entier vient d'admirer. La
symbolique branche d'olivier ne saurait
être mieux présentée que par Ses mains
liliales : et c'est dans cet espoir que
nous venons déposer aux pieds de Votre
Majesté l'hommage de nos sentiments
les plus respectueux.

« La Présidente,

« Princesse WIZNIEWSKA. »

Très sincèrement touchée, la Reine des
Pays-Bas fit adresser immédiatement ses
remerciements par son secrétaire particulier
M. Avander Staal.

On sait que la reine Wilhelmine est, comme
l'empereur Nicolas, animée d'un saint enthousiasme pour l'œuvre dont, en tout cas, va
commencer bientôt la réalisation, car on ne
signale aucune abstention parmi les gouver-

nements auxquels M. de Beaufort a adressé, le 8 avril dernier, l'invitation, désormais célèbre qui constituera une page glorieuse pour les annales du règne de la reine Wilhelmine et pour l'histoire de l'humanité.

IV

L'ARBITRAGE INTERNATIONAL

Il ne faut pas se dissimuler que l'heure est solennelle et que la discussion qui va s'engager à La Haye peut avoir de très grosses conséquences pour l'avenir. En admettant même que sur des points nombreux de la circulaire Mouraview les délégués ne puissent s'accorder, il est un résultat que la Conférence peut très bien atteindre et celui-là me semble le plus désirable :

C'est l'Arbitrage International.

Est-il praticable ? me demande-t-on. Parbleu ! Des exemples ? Ils abondent et sont d'autant plus utiles à produire que, dans les masses populaires ils sont peu ou point connus. Il me semble cependant que les vulgariser c'est rendre service à l'idée même.

Nous voyons déjà, au XIIIe siècle — en 1263 et 1268 — le roi Louis IX rendre des sentences d'arbitrage entre Henri III, roi d'Angleterre, et ses barons.

Vingt ans auparavant, l'empereur Frédéric II avait pris le Parlement de Paris pour arbitre entre lui et le pape Innocent IV.

En 1298, Philippe-le-Bel, roi de France, et Édouard Ier, roi d'Angleterre, soumettaient leurs différends au pape Boniface VIII.

En 1319, Philippe-le-Long et les Flamands s'en remettaient à l'arbitrage du pape Jean XXII.

On trouve, dans les Actes de Rymers, un curieux compromis en date du 1er juin 1546, par lequel les rois de France et d'Angleterre s'en rapportent à la décision de quatre avocats, au sujet d'une contestation de 512,000 écus.

En 1570, le roi d'Espagne et les Suisses chargèrent des arbitres d'arranger les différends qui pouvaient les mettre aux prises au sujet des limites de la Franche-Comté.

En 1613, l'archiduc d'Autriche et le duc de Wurtemberg soumirent à l'arbitrage du Parlement de Grenoble leurs prétentions sur le comté de Montbéliard.

Au commencement de notre siècle, c'est Napoléon que choisirent pour arbitre Charles IV et Ferdinand VII.

En Belgique, le roi constitutionnel, Léopold Ier, dont la réputation d'intégrité et de savoir politique était grande, était devenu, pour ainsi dire, l'arbitre universel, rôle dont semble vouloir hériter le gouvernement de la Confédération helvétique.

Les exemples tout contemporains ne sont pas moins nombreux et prouvent d'une façon indéniable les effets pacifiques de l'arbitrage. On n'en saurait trop citer, quand ce ne serait que pour démontrer à quel point se trompent ceux qui crient à l'utopie :

En 1856, le Congrès de Paris, qui mit fin à la guerre de Crimée, émit le vœu que les États, avant de commencer une guerre, eussent recours aux bons offices d'une nation amie.

En 1867, la Turquie et la Grèce avaient réglé par arbitrage un différent survenu entre elles. Que n'ont-elles procédé ainsi en 1897 !...

M. Édouard Vaillant, député de la Seine, démontrait à la tribune, dans la séance du 24 janvier dernier, qu'on a fait pratiquement un pas considérable dans la voie de cette solution arbitrale des différends entre les pays, en constituant, en certains cas, un tribunal arbitral.

« Ces cas sont les plus intéressants — disait l'honorable député — *parce qu'ils nous indiquent pour ainsi dire les véritables préceptes qui doivent être suivis pour établir l'arbitrage international d'une façon permanente.* Telle est la grande question qui a été réglée à Genève dans le conflit depuis longtemps pendant entre l'Angleterre et les États-Unis à propos de l'*Alabama*.

« C'est à la suite de longues négociations ayant abouti à un compromis formulé dans le traité de Washington, où toutes les conditions de l'arbitrage avaient été discutées, que l'on a eu recours à un tribunal arbitral où figuraient avec les parties : la reine d'Angleterre et le président des États-Unis, l'empereur du Brésil, le roi d'Italie et le président de la Confédération helvétique. Et le tribunal arbitral, siégeant à Genève en 1871, a prononcé une sentence qui a mis fin au différend et que l'Angleterre elle-même a respectée en payant les dommages causés. »

En 1875, le maréchal de Mac-Mahon réglait, au profit du Portugal, des questions litigieuses entre le Portugal et l'Angleterre dans la baie de Delagoa, et la Grande-Bretagne s'inclinait devant la décision du Président de la République française.

En 1879, c'était au tour de S. M. François-

Joseph II, empereur d'Autriche, à régler arbitralement un désaccord entre l'Angleterre et le Nicaragua.

En 1880, c'était la Cour de Cassation française qui tranchait, comme arbitre, une question pendante entre la France et le Nicaragua.

Donc, il semble qu'il entre aujourd'hui dans l'esprit même des gouvernements que l'on peut attendre de l'arbitrage international des services certains, même lorsqu'il s'agit de questions de premier ordre intéressant la souveraineté des nations et concernant des cessions ou des possessions de territoires.

Il me parait intéressant, dans le but d'exposer plus clairement à mes lecteurs l'importance, et l'on peut dire même la simplicité du mécanisme de l'arbitrage international, de mettre sous leurs yeux quelques documents qui pourront les édifier complètement.

Dans le courant du mois de septembre 1885, un conflit grave s'étant élevé entre l'Espagne et l'Empire Allemand, aux îles Carolines, le prince de Bismarck proposa au gouvernement d'Alphonse XII, qui accepta, l'arbitrage du Saint Père. Au point de vue politique international, ce fait constituait un événement considérable, propre à relever dans une large mesure le prestige du Saint-Siège.

Léon XIII se rendit à l'appel de l'Espagne et de l'Allemagne, et sa médiation eût tout le succès qu'on en attendait à Madrid et à Berlin. Le protocole fut signé, au Palais apostolique, le 17 décembre 1885. La question avait été, on le voit, promptement réglée.

M. le Comte Édouard Lefèvre de Behaine, représentant du gouvernement de la République française, près le Saint-Siège, a publié dans son ouvrage : *Léon XIII et le Prince de Bismarck*, les documents diplomatiques relatifs à cet arbitrage qui sont intéressants à connaître.

Documents
relatifs à l'affaire des Carolines (1)

(Traduction empruntée au *Moniteur de Rome*, 9 et 10 janvier 1886.)

I. — PROPOSITION FAITE PAR LÉON XIII COMME MÉDIA-TEUR, DANS LA QUESTION DES ARCHIPELS DES ILES CAROLINES ET PALAOS, PENDANTE ENTRE L'ESPAGNE ET L'ALLEMAGNE.

La découverte faite par l'Espagne, au XVIᵉ siècle, des iles formant l'archipel des Carolines et des

(1) *Léon XIII et le Prince de Bismarck*. Fragments d'Histoire diplomatique, par le comte Edouard Lefèvre de Behaine. 1 fort vol. in-8°. Paris, 1898, Lethielleux, édit., 10, r. Cassette.

Palaos, et la série d'actes accomplis dans ces mêmes îles par le gouvernement espagnol au profit des indigènes, ont créé dans la conviction dudit gouvernement et de sa nation un titre de souveraineté, fondé sur les principes de droit international invoqués et suivis à notre époque dans le cas de conflits analogues.

En effet, quand on considère l'ensemble des actes susmentionnés, dont l'authenticité est confirmée par divers documents des archives de la Propagande, on ne saurait méconnaître l'action bienfaisante de l'Espagne vis-à-vis de ces insulaires. Il est à observer en outre qu'aucun autre gouvernement n'a exercé sur eux une action semblable. Cela explique la tradition existante, dont il faut tenir compte, et la conviction du peuple espagnol relativement à cette souveraineté, tradition et conviction qui, il y a deux mois, se sont manifestées avec une ardeur et une animosité capables de compromettre un instant la paix intérieure et les rapports de deux gouvernements amis.

D'autre part, l'Allemagne ainsi que l'Angleterre ont déclaré expressément, en 1875, au gouvernement espagnol qu'elles ne reconnaissaient pas la souveraineté de l'Espagne sur ces îles. Le gouvernement impérial est d'avis, par contre, que l'occupation effective d'un territoire est ce qui constitue l'origine de la souveraineté sur ce territoire, et que cette occupation n'a jamais été réalisée de la part de l'Espagne à l'endroit des Carolines.

Il a agi conformément à ce principe dans l'île de

Jalo, et, en cela, comme l'a déjà fait d'ailleurs de son côté le gouvernement espagnol, le médiateur se plaît à reconnaître toute la loyauté du gouvernement impérial.

En conséquence, et afin que cette divergence de vues entre les deux gouvernements ne soit pas un obstacle pour un arrangement honorable, le médiateur, tout bien considéré, propose que le nouvel arrangement à stipuler adopte les formules du protocole relatif à l'archipel de Jalo, signé à Madrid le 7 mars dernier entre les représentants de la Grande-Bretagne, de l'Allemagne et de l'Espagne, et que l'on adopte les points suivants :

1° Affirmation de la souveraineté de l'Espagne sur les îles Carolines et Palaos ;

2° Le gouvernement espagnol, pour rendre cette souveraineté effective, s'oblige à établir le plus tôt possible, dans l'archipel en question, une administration régulière avec une force suffisante pour garantir l'ordre et les droits acquis ;

3° L'Espagne offre à l'Allemagne pleine et entière liberté de commerce, de navigation et de pêche dans ces mêmes îles, ainsi que le droit d'y établir une station navale et un dépôt de charbons ;

4° L'Espagne assure aussi à l'Allemagne la liberté de faire des plantations dans ces îles et d'y fonder des établissements agricoles sur le même pied que les sujets espagnols.

Rome, au Vatican, le 22 octobre 1885.

Signé : L Cardinal Jacobini,
Secrétaire d'État de Sa Sainteté.

II. — ARTICLES DU PROTOCOLE ADOPTÉS PAR L'ESPAGNE ET L'ALLEMAGNE.

Les soussignés, Son Excellence Don Mariano Roca de Togores, marquis de Molins, ambassadeur extraordinaire et plénipotentiaire de Sa Majesté Catholique auprès du Saint-Siège,

et

Son Excellence M. de Schlœzer, envoyé extraordinaire et ministre plénipotentiaire de Sa Majesté le Roi de Prusse auprès du Saint-Siège,

dûment autorisés pour mener à terme les négociations que les gouvernements d'Allemagne et d'Espagne, sous la médiation acceptée par eux de Sa Sainteté le Pape, ont poursuivies à Berlin et à Madrid au sujet des droits que l'un et l'autre desdits gouvernements auraient acquis à la possession des îles Carolines et Palaos, considérant les propositions que Sa Sainteté a faites pour servir de base à leur entente, se sont mis d'accord sur les articles suivants, conformément aux propositions de l'auguste médiateur ;

Art. 1. — Le gouvernement allemand reconnaît la priorité de l'occupation espagnole des îles Carolines et Palaos et la souveraineté qui en résulte pour S. M. Catholique, dans les limites indiquées à l'article 2.

Art. 2. — Les limites sont tracées par l'équateur et par le 11e degré de latitude nord et les 133e et 164e de longitude est (Greenwich).

Art. 3. — Le gouvernement espagnol, pour garantir aux sujets allemands la pleine et entière liberté de commerce, de navigation et de pêche dans les archipels des Carolines et Palaos, s'oblige à stipuler, pour ces archipels, des actes analogues à ceux contenus dans les articles I, II et III du protocole sur l'archipel de Jalo, signé à Madrid le 11 mars 1877, et reproduit dans le protocole du 7 mars 1885, à savoir :

I. Le commerce et le trafic direct des vaisseaux et des sujets de l'Allemagne dans les archipels des Carolines et des Palaos et dans toutes leurs parties ainsi que le droit de pêche, seront absolument libres, sans préjudice des droits reconnus à l'Espagne par le présent protocole, conformément aux déclarations suivantes :

II. Les autorités espagnoles ne pourront exiger à l'avenir que les vaisseaux et les sujets de l'Allemagne se rendant librement aux archipels des Carolines et de Palaos, ou d'un point à l'autre de ces archipels, ou de l'un d'eux à toute autre partie du monde, aient à toucher, avant ou après, un point déterminé de ces archipels ou ailleurs ; de même, ils n'auront pas à payer quelque droit que ce soit ou à se pourvoir d'une autorisation de ces autorités qui, de leur côté, s'abstiendront de mettre obstacle et d'intervenir à l'encontre du dispositif du paragraphe en question.

Il est entendu que les autorités espagnoles n'empêcheront en aucune façon ni sous aucun prétexte la libre importation et exportation de toutes sortes de marchandises, sans exception aucune, sauf pour les points occupés, conformément à la déclaration de l'article III, et de même que, pour les points occupés effectivement par l'Espagne, ni les vaisseaux, ni les sujets susmentionnés, ni leurs marchandises ne seront soumis à aucun impôt, droit ou paiement de quelque nature que ce soit, ni à aucun règlement sanitaire ou d'autre nature.

III. Sur les points occupés par l'Espagne dans les archipels des Carolines et des Palaos, le gouvernement espagnol pourra établir des impôts, des règlements sanitaires et de toute autre nature, pendant l'occupation effective de ces points. Mais l'Espagne s'engage, de son côté, à y entretenir les services publics et les employés nécessaires pour les exigences du commerce et l'observance des règlements précités.

Il reste néanmoins entendu expressément que le gouvernement espagnol, résolu de son côté à ne pas imposer des règlements restrictifs sur les points occupés, s'engage, par un compromis spontané, à ne point appliquer sur les points indiqués des impôts et des droits supérieurs à ceux qui sont établis dans les possessions espagnoles ou dans les traités et arrangements entre l'Espagne et les autres puissances. Il n'y mettra pas non plus en vigueur des règlements exceptionnels qui seraient appliqués au commerce et aux sujets allemands, lesquels jouiront, sous tous les rapports, du même traitement que les sujets espagnols.

Afin de prévenir les réclamations qui pourraient résulter de l'incertitude de la situation commerciale relativement aux points occupés et soumis à des règlements, le gouvernement espagnol donnera communication au gouvernement allemand, chaque fois qu'il y aura lieu, de l'occupation effective d'un point des archipels des Carolines et des Palaos, et, en même temps, il portera le fait à la connaissance du commerce par une notification publiée dans les journaux officiels de Madrid et de Manila.

Quant aux tarifs et aux règlements à appliquer aux points qui sont ou qui seront occupés par l'Espagne, il est stipulé qu'ils n'entreront en vigueur que dans un délai de huit mois, à dater de la publication susdite dans le journal officiel de Madrid.

Il est convenu qu'aucun vaisseau ou sujet de l'Allemagne ne sera obligé de toucher l'un des points non occupés par l'Espagne, et que les vaisseaux ou sujets allemands ne pourront subir aucune sorte de dommage pour ce motif, ni pour les marchandises, quelles qu'elles soient, destinées à l'un des points non occupés des archipels des Carolines et des Palaos.

Art. 4. — Les sujets allemands auront pleine liberté d'acquérir des semences et de faire des plantations dans les archipels des Carolines et des Palaos, pour y fonder des établissements agricoles, pour exercer toute espèce de commerce et stipuler des contrats avec les indigènes, enfin pour exploiter le sol aux mêmes conditions que les sujets espagnols. Les droits ainsi acquis par les sujets allemands seront respectés.

Les compagnies allemandes qui jouissent dans leur pays des droits de la personnalité civile, et surtout les compagnies anonymes, seront traitées sur le même pied que les sujets susdits.

Les sujets allemands jouiront par rapport, à la protection des personnes et de leurs biens, à l'acquisition et à la transmission de leurs propriétés, comme aussi pour l'exercice de leur profession, du même traitement et des mêmes droits que les sujets espagnols.

Art. 5. — Le gouvernement allemand aura le droit d'établir dans l'une des îles Carolines ou des îles Palaos une station navale et un dépôt de charbon pour la marine impériale. Les deux gouvernements détermineront d'un commun accord la localité et les conditions de cet établissement.

Art. 6. — Si les gouvernements d'Espagne et d'Allemagne ne refusent pas leur adhésion au présent protocole dans le terme de huit jours, à dater d'aujourd'hui, ou s'ils y adhèrent avant ce délai, par le moyen de leurs représentants respectifs, les présentes déclarations entreront immédiatement en vigueur.

Fait à Rome, le 17 décembre 1885.

Signé : Le marquis de MOLINS

DE CHLŒZER,

Lettre du Pape Léon XIII
à M. de Bismarck.

(31 décembre 1885).

(Traduction empruntée à Mgr de T' Serclaes, *Vie de Léon XIII*, tome I).

Léon XIII, pape, à Son Altesse sérénissime le prince Othon de Bismarck, salut.

Le différend qui avait surgi au sujet des îles Carolines, ayant été heureusement terminé aux conditions que nous avons proposées, nous en avons exprimé notre joie à Sa Majesté l'Empereur allemand, et nous voulons aujourd'hui renouveler à Votre Altesse l'expression du même sentiment; car c'est sur sa proposition que la solution de ce conflit nous a été soumise. Nous aimons à reconnaître, conformément à la vérité, que c'est, en grande partie, grâce à votre zèle constant que les difficultés que présentait le règlement de cette affaire ont pu être écartées; car, depuis le commencement jusqu'à la fin, vous n'avez cessé de seconder nos efforts en entrant dans nos vues. Aussi venons-nous témoigner notre reconnaissance de ce que vous avez puissamment contribué à nous fournir une occasion des plus favorables d'exercer un si haut ministère dans l'intérêt de la concorde. L'histoire, il est vrai, nous apprend que cette tâche n'est pas nouvelle pour le Saint-Siège, mais il y a longtemps qu'elle ne lui avait pas été proposée, bien qu'il ne soit pas de fonction plus conforme à l'esprit et à la nature du pontificat romain.

Libre de toutes préventions, vous avez jugé la situation plutôt d'après la vérité que d'après les opinions et les inclinations d'autrui, et vous n'avez pas hésité à placer votre confiance en notre impartialité. En agissant ainsi, vous avez obtenu l'approbation de tous les hommes dont la pensée n'est pas dominée par leurs préjugés — surtout celle des catholiques du monde entier, que l'honneur fait à leur père, à leur premier pasteur, devait vivement toucher. Votre sagacité politique a certainement —

le monde entier le reconnaît — beaucoup contribué
à la création du grand et puissant empire allemand,
et il est naturel que la solidité, la prospérité de cet
empire, basées sur la force et un bien-être durable,
soient le premier objet de vos efforts; mais il ne
peut avoir nullement échappé à votre perspicacité
de combien de moyens dispose le pouvoir dont nous
sommes revêtu, pour le maintien de l'ordre politique
et social, surtout si ce pouvoir jouit, sans entraves,
de toute sa liberté d'action. Permettez-nous de
devancer en esprit les événements, et de regarder
ce qui a été fait comme un gage de ce qu'amènera
l'avenir. Afin que vous possédiez dès à présent un
témoignage de nos sentiments, nous vous nommons
chevalier de l'ordre du Christ, dont les insignes vous
seront remis avec cette lettre.

Fait à Rome, près de Saint-Pierre, le 31 décembre 1885,
dans la huitième année de notre Pontificat.

LÉON XIII, PP.

Réponse du Prince de Bismarck à Léon XIII

(13 janvier 1886).

(Traduction empruntée au *Moniteur de Rome*,
18-19 janvier 1886)

Berlin, 13 janvier 1886.

Sire,

La gracieuse lettre dont Votre Sainteté m'a honoré,
ainsi que la haute décoration qui l'accompagnait,
m'ont causé une grande joie, et je prie Votre Sainteté

de daigner recevoir l'expression de ma profonde gratitude.

Toute marque d'approbation se rattachant à une œuvre de paix, à laquelle il m'avait été donné de collaborer, est pour moi d'autant plus précieuse, en raison de la haute satisfaction qu'elle cause à Sa Majesté, mon auguste maître.

Votre Sainteté a dit dans sa lettre que rien ne répond mieux à l'esprit et à la nature du Pontificat Romain que la pratique des œuvres de paix. C'est par cette même pensée que j'ai été guidé en priant Votre Sainteté d'accepter le noble emploi d'arbitre du différend pendant entre l'Allemagne et l'Espagne, et en proposant au gouvernement espagnol de nous en remettre de part et d'autre à la décision de Votre Sainteté.

La considération du fait que les deux nations ne se trouvent pas dans une situation analogue par rapport à l'Église, qui vénère en Votre Sainteté son chef suprême, n'a jamais affaibli ma ferme confiance dans l'élévation des vues de Votre Sainteté, qui m'assuraient la plus juste impartialité de son verdict.

Les relations de l'Allemagne avec l'Espagne sont telles, par leur nature, que la paix qui règne entre ces pays n'est menacée par aucune divergence permanente de leurs intérêts, ni par des rancunes résultant de leur passé ou des rivalités inhérentes à leur situation géographique ; leurs bonnes relations habituelles ne sauraient être troublées, sinon que par des causes fortuites ou par des malentendus. Il y a donc tout lieu d'espérer que l'action pacifique de Votre

Sainteté aura des effets durables, et, parmi ceux-ci,
je compte en première ligne le souvenir reconnais-
sant que les deux parties garderont envers l'auguste
médiateur.

En ce qui me concerne, je saisirai toujours et
avec empressement toute occasion que l'accomplissement de mes devoirs envers mon Maître et envers
ma patrie me fournira, pour témoigner à Votre Sainteté ma vive reconnaissance et mon très humble
dévouement.

Je suis avec le sentiment du plus profond respect,

Sire,
De Votre Sainteté
le très humble serviteur.
V. Bismarck.

Certes, M. Lefèvre de Behaine rendit un
service à la cause de l'arbitrage international
en publiant *in extenso* ces documents, et
M. Edouard Vaillant rendit un autre service
à cette cause en rappelant à la tribune le
souvenir de l'affaire des Carolines.

Malgré ce précédent — si récent —
S. S. Léon XIII n'a point reçu d'invitation
pour la Conférence de la Haye. *Le Temps*,
lui-même, a fait très judicieusement remar-
quer que, s'il s'agit de substituer à l'emploi
de la force brutale et à ce retour à la bar-
barie qui s'appelle « la guerre » le recours

à l'arbitrage et l'organisation d'une sorte de juridiction internationale, on ne saurait contester à la Papauté le droit de revendiquer quelque part dans cette entreprise.

Pour quelques centaines de millions de sujets ou de citoyens, dont les représentants sont délégués à la Conférence de la Haye, le Pape reste — ainsi que l'appelle M. de Maulde, dans sa *Diplomatie au temps de Machiavel* — « la première autorité internationale. Le Souverain Pontife n'est pas un roi, le chef d'un gouvernement terrestre ; il est le magistrat international indépendant, chef du Tribunal Suprême, qui doit régler les difficultés internationales et veiller à l'exécution des engagements ».

Dans des circonstances récentes aussi, offrant, il est vrai, un intérêt moins considérable, mais qui n'en ajoutent pas moins un argument sérieux en faveur de l'arbitrage international. L'Angleterre et la Belgique ont choisi pour arbitre un jurisconsulte, M. Arthur Desjardins, avocat général à la Cour de cassation, membre de l'Institut. Il s'agissait de l'affaire Ben Tillett, qui fit un certain bruit en 1896, surtout dans les journaux socialistes.

Un sujet anglais, M. Ben Tillett, venu à Anvers pour y organiser une grève des dockers, fut arrêté au cours d'un meeting, incarcéré, puis, finalement, conduit à Anvers et expulsé. La Belgique se vit réclamer une indemnité de 75,000 francs par le gouvernement britannique, qui prétendait qu'elle avait outrepassé son droit. Le gouvernement belge refusa de s'exécuter et l'on continua, pendant deux ans, d'échanger des notes pour en arriver à signer, à Bruxelles, le 19 mars 1898, une convention d'arbitrage dont l'article 6 était ainsi conçu :

« Les Hautes parties contractantes s'engagent à accepter comme définitive la décision prononcée par l'arbitre, dans les limites de la présente convention, et à s'y soumettre sans aucune réserve. »

M. Arthur Desjardins fut informé du choix qui s'était porté sur lui par deux lettres identiques — de l'ambassade d'Angleterre et de la légation de Belgique — dont voici le texte :

« Monsieur l'avocat général,

« Un sujet anglais, M. Ben Tillett, ayant été expulsé du territoire belge, au mois d'août 1896, il s'est élevé une divergence, au sujet de cette expulsion, entre le gouvernement britannique et le gouvernement belge.

« Ne pouvant réussir à s'entendre, pour terminer ce différend à l'amiable, ils ont résolu de le remettre à la décision arbitrale d'un jurisconsulte étranger.

« Leur choix s'est porté sur vous, Monsieur l'avocat général. Parmi les savants éminents que distinguent une connaissance approfondie du droit international et l'élévation du caractère, aucun autre n'a paru mieux qualifié pour s'acquitter de ce mandat.

« Le gouvernement de la République a bien voulu faire savoir que cette désignation ne rencontrerait aucune objection en ce qui le concerne.

« J'ai l'agréable devoir de porter ce qui précède à votre connaissance, et je me plais à espérer que rien de votre part ne s'opposera à ce que vous acceptiez l'honorable mission que le gouvernement (du roi) (de la reine) m'a chargé de vous offrir. Veuillez agréer, etc. »

M. Arthur Desjardins reçut des mémoires et contre-mémoires des deux gouvernements, se rendit en Belgique, à Anvers, entendit des témoins sous la foi du serment, visita la maison d'arrêt, ne négligea aucun détail pouvant l'éclairer, et put, en parfaite équité, rendre sa sentence dont il remit les originaux aux Hautes parties contractantes le 26 décembre 1898. Cette sentence est courte, simple en la forme, mais elle mérite d'autant mieux d'être consignée à cette place, ne fût-ce que pour rendre hommage au noble désintéressement de l'homme éminent qui l'a rendue.

La voici dans son laconisme :

« Je décide que le gouvernement de Sa Majesté Britannique est mal fondé dans sa demande et je l'en déboute ; je le condamne aux frais par application de l'article 5 de la convention du 10 mars 1898, en supposant qu'il y ait des frais à payer ; mais je déclare n'avoir, en ce qui me concerne, ni honoraires, ni déboursés à réclamer. »

J'ajouterai que M. Arthur Desjardins est le vice-président si estimé de la Société française pour l'arbitrage entre nations.

A l'heure présente, un litige entre le Portugal, la Grande-Bretagne et le gouvernement des États-Unis est pendant devant le Tribunal arbitral de Delagoa, à Berne. Les conseils de la partie britannique sont M. Boiceau, avocat à Lausanne, et E. Underdown, à Londres ; le gouvernement des États-Unis est représenté par M. Wyss, avocat à Berne; R. Ingersoll, à New-York, et J. Frehane, à Londres.

En même temps que le Résumé final du Portugal, le Tribunal arbitral de Delagoa a reçu les Résumés des demandeurs.

Le Résumé britannique s'élève, paraît-il, contre la prétention du Portugal de ne voir dans toute l'affaire qu'une question d'enrichissement, alors que c'est, « en suite de l'obligation résultant pour lui de l'omission difficile dont il s'est rendu coupable », que le Portugal se voit tenu aujourd'hui à des dommages-intérêts.

Quant au droit applicable, les arbitres auront sans doute aussi à s'en tenir aux dispositions de l'acte d'arbitrage qui leur prescrit simplement de juger « au plus juste » et non d'après le droit portugais, ainsi que le prétend le gouvernement défendeur.

J'estime que ces exemples sont suffisamment probants et que leur seule lecture démontre la simplicité et l'économie du mécanisme. N'est-il pas vrai que dix tribunaux permanents d'arbitrage internationaux coûteraient des millions de fois moins cher que

la moindre armée permanente de l'une des
« grandes » puissances ?

Du reste, les États en viennent à contracter
entre eux des traités d'arbitrage, et c'est
déjà un premier pas vers la solution universellement attendue.

Je citerai, comme exemple documentaire,
le texte du Traité d'arbitrage permanent
signé le 23 juillet 1898, à Rome, entre le
représentant de la République Argentine et
le Ministre des Affaires étrangères du
Royaume d'Italie, au nom de leurs gouvernements.

Ce traité comporte quatorze articles.

Article premier. — Les Hautes parties
contractantes se sont obligées à soumettre
à un jugement arbitral tous les litiges,
qu'elles qu'en soient la nature et la cause,
qui viendraient à surgir entre lesdites parties, si l'on n'a pu les vider amiablement par
voie diplomatique directe. La clause d'arbitrage s'étend même aux litiges qui peuvent
avoir une origine antérieure à la stipulation
dudit traité.

Art. 2. — Le cas échéant, les parties stipu-
leront une convention spéciale pour déter-
miner l'objet du litige, la portée des pouvoirs

des arbitres et toute autre modalité relative à la procédure.

A défaut d'une telle convention, le Tribunal, sur les déductions des parties, déterminera les points de droit et de fait qui doivent être résolus pour vider le litige.

A défaut de convention, ou si elle n'a pas prévu le point en question, on observera les règles suivantes :

Art. 3. — Le Tribunal sera composé de trois juges. Chacun des États en désignera un. Les deux arbitres choisiront le troisième arbitre. S'ils ne se mettent pas d'accord sur ce choix, le tiers arbitre sera choisi par le chef d'un État tiers qui en sera requis. Si ces parties ne sont pas d'accord sur le chef d'État à choisir, la demande de nomination sera faite alternativement au président de la Confédération suisse et au roi de Suède et de Norvège.

Le tiers arbitre élu dans ces circonstances sera président de droit du Tribunal.

Il est défendu de nommer tiers-arbitre plusieurs fois de suite la même personne.

Les arbitres ne peuvent être ni citoyens des États contractants, ni domiciliés ou résidents dans leurs territoires. Ils doivent n'avoir aucun intérêt dans les questions qui font l'objet de l'arbitrage.

Art. 4. — Si un arbitre, pour une raison quelconque, ne peut remplir ou continuer l'office d'arbitre auquel il avait été nommé, on le remplacera suivant la même procédure adoptée pour sa nomination.

Art. 5. — A défaut d'un accord spécial entre les parties, le Tribunal désignera l'époque et le lieu des séances loin des territoires des États contractants, et choisira la langue dont on devra faire usage ; il déterminera les moyens de procédure, les formes et les délais à fixer aux parties, les procédures à suivre, et, en général, il prendra toutes les mesures qu'il jugera nécessaires à son action et propres à résoudre toutes les difficultés de procédure qui pourraient surgir dans le cours du débat.

Les parties, de leur côté, s'engagent à mettre à la disposition des arbitres tous les moyens d'information qui dépendent d'elles.

Art. 6. — Un mandataire de chacune des parties assistera aux séances, et il représentera son gouvernement dans toutes les affaires qui se rapporteront à l'arbitrage.

Art. 7. — Le Tribunal est compétent pour

statuer sur la régularité de sa constitution, sur la validité du compromis et sur son interprétation.

Art. 8. — Le Tribunal devra prononcer d'après les principes du Droit international, à moins que le compromis n'impose l'application de règles spéciales et n'autorise les arbitres à statuer comme amiables compositeurs.

Art. 9. — Sauf le cas de dispositions contraires, toutes les délibérations du Tribunal seront valables quand elles auront la majorité des voix des arbitres.

Art. 10. — La sentence rendue fixera définitivement tout point du litige. Elle sera rédigée en deux exemplaires et signée par tous les arbitres. Si l'un des arbitres s'y refuse, on donnera acte du refus dans la sentence qui aura effet, si elle porte la signature de la majorité absolue des arbitres. Il est défendu de joindre à la sentence des motifs contraires. La sentence devra être notifiée à chacune des parties par son représentant auprès du Tribunal.

Art. 11. — Chacune des parties supportera ses propres frais et la moitié des frais du Tribunal arbitral.

Art. 12. — La sentence, légalement prononcée, tranche dans les limites de sa portée, la contestation entre les parties. Elle devra contenir l'indication du terme dans lequel elle devra être exécutée.

Art. 13. — *Le jugement n'est pas susceptible d'appel et il est confié à l'honneur des nations signataires du pacte.*

Est reconnu le droit d'en demander, avant que la sentence ne soit exécutée, la révision devant le même Tribunal qui a prononcé le jugement : 1º Si on a jugé sur un document faux ou erroné; 2º Si la sentence, en tout ou partie, a été l'effet d'une erreur de fait, positif ou négatif, résultant des actes ou des documents du procès.

Art. 14. — Le traité est conclu pour une durée de dix ans, à partir de l'échange des ratifications. Si le traité n'est pas dénoncé six mois avant la date de l'échéance, il est entendu qu'il est renouvelé pour une nouvelle période de dix ans et ainsi de suite.

Au cours de la dernière législature, le Parlement français avait voté la proposition de M. Barodet, demandant qu'un traité d'arbitrage fut conclu entre la France et les États-Unis.

Il y a peu de temps, l'Angleterre a voté une résolution de même nature pour un pacte d'arbitrage entre elle et les États-Unis.

Enfin, le *Jornal do commercio*, de Rio-Janeiro, annonçait dernièrement que le gouvernement brésilien allait entamer des négociations avec l'Italie pour la conclusion d'un traité d'arbitrage général qui embrassera tous les différends qui pourraient survenir entre les deux pays.

Ainsi que le disait, à la tribune, M. E. Vaillant : la question est réellement mûre, l'arbitrage peut être établi et il n'y a jamais eu une occasion plus propice que le prochain Congrès du désarmement pour réaliser cette idée qui semble un monde à quelques-uns et qui est cependant si facile à réaliser. Je crois, pour ma part, que si l'on n'y arrive pas encore cette fois, la Conférence de La Haye aura fait faire un si grand pas à la question que la solution en sera peut-être beaucoup plus proche qu'on ne le semble croire. En tout cas, la France républicaine a pour devoir de faire les plus grands efforts pour pousser vers cette solution.

On peut toujours affirmer que la constitution d'une Assemblée internationale pour la codification du droit des gens et de l'arbitrage est une des solutions qui seront examinées par la Conférence de la paix. Cette proposition fut soumise, il y a quelques années, à l'Académie des Sciences, par M. de Marcoartu, qui demandait, avec l'appui de MM. Jules Simon, Léon Say et Frédéric Passy, la mise au concours d'une étude sur l'influence du service militaire exagéré dans le prix de revient de la production. M. de Marcoartu ne croit pas à la possibilité d'obtenir la réduction des armements si les conditions juridiques de l'arbitrage ne sont pas d'abord arrêtées.

Arrêter la juridiction arbitrale, c'est bien ; la codifier, en régler la marche, c'est parfait. Mais comment seront composés les tribunaux d'arbitrage ? Où tiendront-ils leurs solennelles assises ? Ici, tout le monde est embarrassé. Chacun présente sa solution : j'en ai étudié cinquante et n'en ai retenu que deux, l'une émanant d'un homme illustre, dont le nom est universellement estimé et dont chacun admire l'enthousiasme d'apôtre et l'énergie infatigable avec laquelle, depuis de si longues années, il défend les plus nobles théories sociales et celles de l'arbitrage international. C'est M. Frédéric Passy. L'autre vient d'un homme politique très au courant des choses de la diplomatie internationale et animé, j'en suis convaincu, des sentiments les plus élevés, c'est le prince Grigori Stourdza.

Dans une lettre ouverte adressée à Sa Majestée la Reine des Pays-Bas, et rendue publique dans la revue « L'Arbitrage entre les Nations », M. Frédéric Passy préconise l'institution d'une juridiction — corollaire et complément de celle de l'arbitrage international — juridiction organisée pour connaître des différents qui pourraient donner lieu à l'emploi de l'arbitrage.

Je laisse la parole à l'illustre économiste.

« Depuis longtemps, on le sait, les jurisconsultes les plus éminents, dans les divers pays, se sont préoccupés de cette grave question. L'Union interparlementaire, dans sa session de Bruxelles, en 1895, a adopté, après la plus sérieuse étude, un projet de Cour internationale d'arbitrage, que son président, M. le sénateur Descamps, a eu, en son nom, l'honneur de soumettre, avec un savant *Mémoire,* aux puissances du monde civilisé.

« Dans sa session de Budapest, en 1895, et dans sa session de Bruxelles, en 1896, encore, l'Union interparlementaire a renouvelé, en termes plus pressants, ses vœux en faveur de l'organisation de cette Cour, dont Gladstone disait, en 1893, qu'elle manquait au monde civilisé pour diriger la politique internationale dans la voie de la justice et de la modération.

« Les membres de l'Union interparlementaire, en adoptant et en recommandant leur projet, n'ont jamais espéré que d'un même mouvement tous les gouvernements s'empressassent d'y adhérer, et, qu'un beau matin, quinze ou vingt dépêches officielles vinssent leur apprendre la constitution définitive de ce tribunal suprême des nations. Mais ils ont pensé que deux, trois ou quatre, peut-être, parmi ces nations, les plus petites probablement, celles qui sont le moins accessibles aux ambitions guerrières, mais les plus menacées aussi par les velléités conquérantes des plus grandes, pourraient s'entendre, dans un commun sentiment de prévoyance et d'équité, pour former entre elles comme un premier noyau de cette juridiction bienfaisante. Et ils se sont dit que, si une fois ce premier noyau existait, il ne tarderait pas à grossir par l'adjonction de nouvelles adhésions. Il leur a semblé que, du jour où il y aurait quelque part, même sous la forme la plus modeste, un corps prêt à accepter de connaître des litiges existant entre les gouvernements, et à en juger, il deviendrait bien difficile, sinon même impossible, à ces gouvernements, de se refuser à porter devant lui leurs prétentions, leurs griefs et leurs raisons. Déjà, dans la presque unanimité des cas, ils font l'effort de recourir à l'arbitrage, bien qu'il faille, pour chaque cas, constituer des arbitres spéciaux. Et parfois (comme nous venons de le voir dans l'affaire Ben-Tillett, déférée, par la Belgique et par l'Angleterre, à l'appréciation de M. Desjardins), c'est un simple particulier qui est investi du droit de prononcer souverainement. A plus forte raison s'adresseraient-ils sans hésiter à une juridiction déléguée à cet effet, par la confiance d'une partie des gouvernements européens, de ceux notamment à l'impartialité desquels tous sont unanimes à rendre hommage.

« Or, quels sont ces petits États, petits par le territoire, grands par le travail, par la liberté, par la paix, auxquels il a été tout d'abord songé? C'est la Belgique, dont la capitale a vu adopter le projet de l'Union Interparlementaire; c'est la Suisse, où siègent à la fois le Comité permanent de cette Union et le Bureau international de la Paix; ce sont les États Scandinaves, ce sont les Pays-Bas, enfin, où va siéger la Conférence internationale.

« Pourquoi, tandis que les délégués de toutes les puissances se préparent à venir consacrer à La Haye la pratique de l'arbitrage, le gouvernement des Pays-Bas ne tenterait-il pas de s'entendre avec un ou deux autres, ne fût-ce qu'avec son voisin le gouvernement belge, pour préparer ce premier noyau, cet embryon de Cour arbitrale, qui doit être l'instrument de la réforme attendue? Ce serait, en vérité, pour l'arrivée des délégués une belle surprise à leur préparer. Ce serait, pour les peuples, de la part de la jeune Reine à qui ils le devraient, le plus beau don de joyeux avènement que jamais souverain ait fait, non pas à son pays seulement, mais au monde entier. »

Le projet du prince Grigori Stourdza n'est pas aussi absolument dissemblable du précédent qu'on le pourrait croire et mérite l'examen le plus attentif.

Le prince Stourdza a longuement étudié la question du désarmement proposé par le Tzar Nicolas II. Ne voyant le danger d'un conflit continental que dans l'antagonisme de la Double et de la Triple Alliance, il préconise le rapprochement de cinq grandes puissances qui, alliées, établiraient la paix non seulement entre elles, mais seraient encore en état de l'imposer dans le monde entier. Cette quintuple alliance pourrait instituer un Congrès permanent, composé des délégués de chacun des États alliés.

Au Congrès indiqué par le prince Grigori Stourdza, les cinq grandes puissances enverraient deux délégués diplomatiques et deux délégués militaires. L'un de ces derniers serait un officier d'état-major et l'autre un officier de marine. Les gouvernements des cinq États alliés nommeraient aussi d'un commun accord un président du Congrès et un vice-président.

Les vingt-deux membres désignés ci-dessus constitueraient le Congrès permanent de la quintuple alliance.

En outre, feraient partie de droit de ce

Congrès et prendraient à volonté part à ses travaux, d'abord les souverains des Etats alliés, ensuite leurs ministres des Affaires étrangères, de la Guerre et de la Marine, et enfin leurs ambassadeurs auprès de leurs alliés.

Ces quarante membres de droit ajoutés aux vingt-deux membres permanents élèveraient à soixante-deux le nombre des membres du Congrès au grand complet.

Pour que ce Congrès international tînt ses séances, il devrait se trouver présent au moins un délégué de chacun des Etats alliés, en outre du président ou du vice-président.

Toute décision du Congrès, pour être valable, devrait avoir l'adhésion unanime des cinq Souverains des Etats alliés, représentés par leurs ministres des Affaires étrangères, qui auraient la mission de charger le Congrès des questions dont il doit s'occuper et qui recevraient ses rapports sur la solution possible de ces questions par la commune entente des Puissances alliées.

Le secret absolu des travaux du Congrès serait imposé à tous ses membres indistinctement et aucune publication ne pourrait se faire de ses travaux sans le consentement unanime des cinq ministres des Affaires étrangères des Etats alliés.

N'est-il pas désirable de voir enfin se réaliser ce projet d'un grand tribunal arbitral international, d'une sorte de Parlement diplomatique commis par les Souverains et par les Nations et qui, par son essence même, serait la puissance la plus formidable du monde, ayant toute l'autorité pour assurer la paix et au besoin pour l'imposer lorsqu'il le jugerait nécessaire ?

Dans quelques jours va s'ouvrir en ce calme et laborieux pays de Hollande la Conférence de la Paix qui forcera l'Univers entier à tenir ses yeux tournés vers La Haye. Car on peut le dire : l'Humanité est en marche ; ce qui se prépare, ce qui peut-être va s'accomplir est aussi beau, aussi grandiose, aussi bienfaisant que l'œuvre de la Révolution.

Honneur au Tzar.

Honneur à la reine Wilhelmine.

Puissions-nous, grâce à l'entreprise conçue par le Tzar, protégée par la jeune reine, assister à de réelles Pâques sociales, à une rénovation définitive de la fraternisation des peuples, à une sorte de communion universelle.

A ceux qui prétendent assurer le Droit par la Guerre, le Monde entier doit répondre qu'il veut le Droit par la Paix!

L'Arbitrage International est la seule solution pratique! et j'ai le ferme espoir qu'on s'y arrêtera.

Un spirituel écrivain disait dernièrement, dans un de ses articles *leaders :*

« Comment! lorsqu'il s'agit de la mitoyenneté d'un mur ou d'une réparation locative, on trouve des magistrats pour se prononcer sur d'aussi simples conflits et, alors que l'existence d'un ou de plusieurs peuples est en jeu, on s'en remettrait tout uniment au plus exécrable des droits : celui du plus fort!

« Vous voyez un homme battre un enfant; vous prenez ce dernier sous votre protection, à moins que vous n'alliez quérir un sergent de ville; et si une armée de cinq cent mille hommes s'attaque à une nation de dix milles âmes, aucun concert européen ne se forme pour mettre le holà! »

C'est là un plaidoyer d'une justesse parfaite dans sa simple éloquence, et je pense, avec M. Barral Montferrat, que le Droit international ne peut se baser que sur le principe de l'égalité théorique et absolue de tous les États, qu'il s'agisse de la République de Saint-Marin ou de l'Empire d'Allemagne, du minuscule Monténégro ou de l'immense Russie. L'Arbitrage International est tout indiqué pour rappeler au respect de ce principe qui prétendrait le violer.

L'abbé de Saint-Pierre, — cet apôtre — avait rêvé le désarmement universel; l'illustre Fénélon avait conçu l'idée de l'Arbitrage International jugeant les conflits entre les peuples. Dieu fasse que l'heure soit sonnée où nous verrons commencer la réalisation de ces deux beaux rêves.

Quoiqu'il advienne, à l'issue des solennelles assises qui commencent au moment où paraît ce livre, à partir de cette heure, l'histoire enregistre les noms des hommes dont les efforts vont essayer d'ouvrir la voie à des modifications humanitaires dans le droit des gens et des nations et, comme nous, ceux qui nous suivront citeront avec reconnaissance les noms des délégués à la Conférence de la Paix. Pour l'Allemagne, cependant, nous ferons une restriction, car les deux délégués choisis, MM. Stengel et Zorn sont, paraît-il, deux adversaires résolus du projet russe.

Les autres délégués sont :

Pour l'Angleterre. — Sir Julian Pauncefote, ambassadeur à Washington ; sir Henry Howard, ambassadeur à La Haye ; vice-amiral sir John-A. Fircher ; général-major sir J.-C. Ardagh.

Pour l'Autriche-Hongrie. — Comte de Welsenheim, chef de la 1re section au département des affaires étrangères, ambassadeur extraordinaire ; comte Okolicsanyi d'Ocolicsna, ambassadeur à La Haye ; Mérey, conseiller de la cour et de ministère.

Pour la Chine. — Yang Ju, ambassadeur à Saint-Pétersbourg.

Pour le Danemark. — Fr.-E. de Bille, ministre à Londres ; colonel de Schnack, ancien ministre de la guerre.

Pour l'Espagne. — Duc de Tetuan ; de Villa Urrutia, ministre à Bruxelles ; Baguer, ministre à La Haye.

Pour les États-Unis. — Andrew-D. White, ambassadeur à Berlin ; Seth Low, président du collège Columbia, à New-York ; Stanford Newel, ministre à La Haye ; capitaine de vaisseau Mahan ; capitaine d'artillerie Crouzier.

Pour la France. — Léon Bourgeois, ancien président du conseil des ministres ; Bihourd, ministre à La Haye ; baron d'Estournelles de Constant, ministre plénipotentiaire, membre de la Chambre des députés ; vice-amiral Péphau ; général de brigade Monnier ; Louis Renault, p.>fesseur à la Faculté de droit.

Pour l'Italie. — Comte Nigra, ambassadeur à Vienne ; comte Zannini, ministre à La Haye ; général Zuccari, capitaine de vaisseau Bianca.

Pour le Japon. — Baron Hayaschi, ministre à Saint-Pétersbourg ; J. Monoto, ministre à Bruxelles ; colonel Uyehara, capitaine de vaisseau Sakomoto.

Pour les Pays-Bas. — Le jonkheer Van Karnebeck, membre de la seconde Chambre, ancien ministre des affaires étrangères ; général-major de Beer Poortugael, membre du conseil d'État, ancien ministre de la guerre ; T.-M.-C. Asser, conseiller d'État ; E.-N. Rahusen, membre de la première Chambre.

Pour la Perse. — Général Mirza Khan, ministre à Saint-Pétersbourg.

Pour la Russie. — Baron de Staal, ambassadeur à Londres ; colonel Jilinsky ; colonel comte Barantzef ; capitaine de vaisseau

Scheine; lieutenant de vaisseau Outchinnekof, professeur de Martens.

Pour la Roumanie — Al. Beldiman, ministre à Berlin; J. Papiniui, ministre à La Haye; colonel C. Coanda.

Pour Siam. — Phya Suriga, ambassadeur à Paris; docteur Ch. Corragioni d'Orelli, conseiller de légation; E. Rolin, consul général en Belgique.

Pour la Suède et la Norwége. — Baron Bildt, ministre à Rome.

Pour la Suisse. — M. S. Roth, ministre à Berlin; colonel A. Küzli et E. Odier, membres du Conseil national.

Pour la Turquie. — Turkhan-pacha, conseiller d'État; Mourey-bey, secrétaire général du département des affaires étrangères; Abdullah-pacha, lieutenant général; contreamiral Mehemed-pacha.

Et maintenant qu'ils fassent leur œuvre : la tâche est lourde et le chemin hérissé d'obstacles, car il ne faut pas se le dissimuler, ce n'est pas par bonds que procède la civilisation, mais par une marche lente et d'autant plus sûre.

Elle ne fait que formuler dans des articles

des traités les progrès déjà réalisés dans les mœurs.

L'œuvre de la législation internationale est d'autant plus délicate que des haines de races dominent encore beaucoup trop les rapports des gouvernements entre eux.

Qu'importe ! Il faut aller de l'avant et faciliter la route aux hommes de bonne volonté.

L'Arbitrage international que nous rêvons sera inéluctablement l'œuvre du temps et des amis de la Paix. Il y a dix-neuf siècles que le cri de ralliement s'est fait entendre au-dessus de la crèche de Bethléem :

« Paix sur la terre ! »

J'arrête ici ce modeste travail qui n'est pour ainsi dire que le préambule de celui que je publierai à l'issue de la Conférence de La Haye, quand nous serons définitivement fixés sur les résultats obtenus.

Joints à l'ouvrage déjà paru : « De la Justice gratuite et rapide par l'Arbitrage Amiable », augmentés de documents, de notes et de commentaires intéressants, ces deux ouvrages formeront l'ensemble d'un volume ayant pour titre : L'ARBITRAGE NATIONAL ET INTERNATIONAL, où seront longuement traitées toutes les questions d'arbitrages soit entre les concitoyens, soit entre corporations, entre ouvriers et patrons, soit enfin entre toutes les nations.

Au moment où le monde entier accomplit une transformation politique et sociale aussi importante que celle qui marqua la fin du siècle dernier, l'étude complète de l'Arbitrage sous toutes ses formes et dans toutes les circonstances arrivera bien à son heure.

Et ce me sera une joie si, dans mon humble sphère, j'ai pu apporter ma pierre au monument auquel tant d'illustres ont attaché leurs noms glorieux.

Paris — Imp. de l'Art, E. Moreau et Cⁱᵉ, 41, rue de la Victoire.

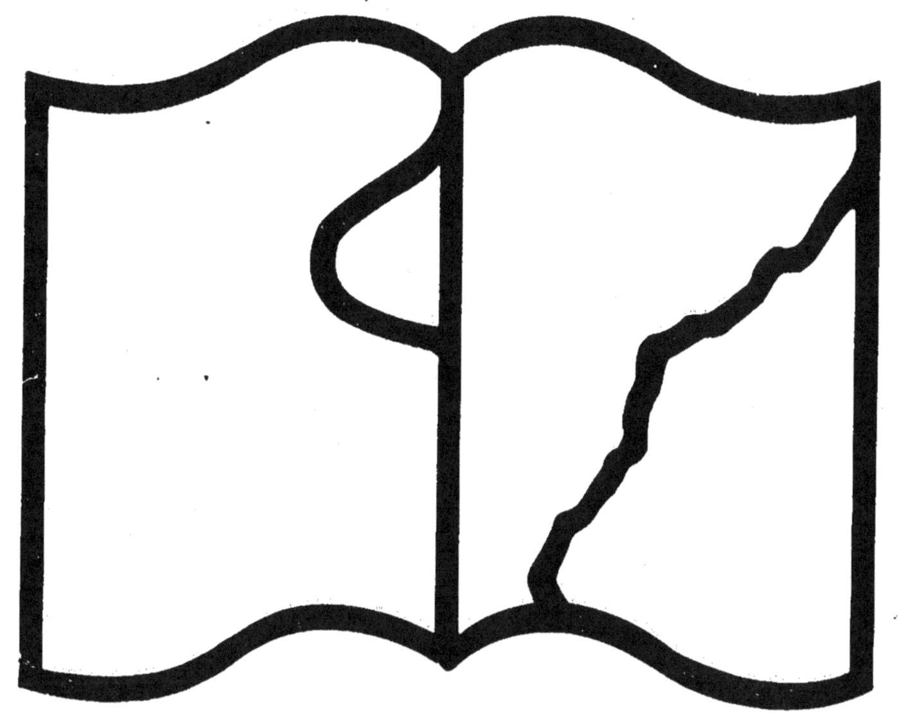

Texte détérioré — reliure défectueuse

NF Z 43-120-11